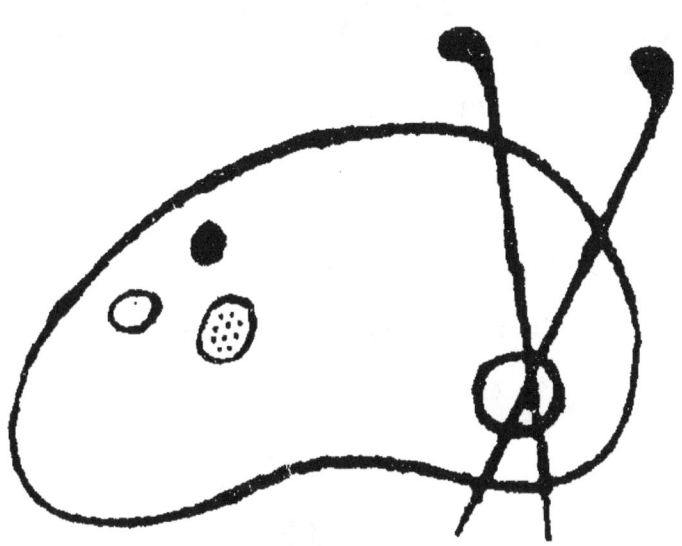

Début d'une série de documents en couleur

UNE

IMPORTANTE CORRESPONDANCE

DU SEIZIÈME SIÈCLE

LE BARON DE FOURQUEVAUX

ÉCOSSE — ITALIE — ESPAGNE — LANGUEDOC

(1548-1574)

PAR

C. DOUAIS

PROFESSEUR A L'INSTITUT CATHOLIQUE DE TOULOUSE

Communication faite à l'Institut, Académie des Inscriptions et Belles-Lettres, séance du 20 mars 1891.

PARIS
ALPHONSE PICARD, ÉDITEUR
82, rue Bonaparte, 82

TOULOUSE
ÉDOUARD PRIVAT, ÉDITEUR
45, rue des Tourneurs, 45

1891

DU MÊME AUTEUR

L'Église des Gaules et le Conciliabule de Béziers tenu en l'année 356. 1875 1 vol. in-12...	3	»
Les Albigeois; leurs origines. 1880. 1 vol. in-8º................	7	50
De l'enseignement de l'histoire ecclésiastique. 1882.............	1	50
Le siège de Carcassonne (1-15 août 1209) 1882 (épuisé).		
Les sources de l'histoire de l'Inquisition dans le midi de la France au XIIIe et au XIVe siècle. 1881 (épuisé).		
L'Église et la croisade contre les Albigeois. 1882 (épuisé).		
Le Pèlerinage de Notre-Dame-de-Pitié de Mougères (Hérault). Son histoire et son culte. 1883......................................	1	50
Soumission de la vicomté de Carcassonne par Simon de Montfort. 1884 (épuisé).		
Essai sur l'organisation des études dans l'ordre des frères Prêcheurs au XIIIe et au XIVe siècle. 1884...............................	8	50
Le P. Polycarpe de Marciac. 1884.............................	1	»
De l'auteur du Stimulus amoris. 1885.........................	1	»
Les frères Prêcheurs à Pamiers au XIIIe et au XIVe siècle. 1885...	3	»
Les frères Prêcheurs en Gascogne au XIIIe et au XIVe siècle. 1885.	15	»
La Persécution des chrétiens de Rome en l'année 64. 1885 (épuisé).		
Practica Inquisitionis heretice pravitatis, auctore BERNARDO GUIDONIS. Document publié pour la première fois In-4º, 1886.	12	»
Inventaire des biens meubles et immeubles de l'abbaye de Saint-Sernin de Toulouse dressé le 14 septembre 1246 1886.........	3	»
Saint Thomas d'Aquin dans la dévotion chrétienne au XIVe et au XVIIe siècle. Étude historique.....................................	1	»
Cartulaire de l'abbaye de Saint-Sernin de Toulouse (844-1200). In-4º, 1887 (couronné par l'Institut).................................	40	»
Deux reliquaires de l'église Saint-Sernin de Toulouse. Mémoire accompagné de huit dessins. In-4º, 1888.........................	2	»
Capucins et Huguenots dans le Languedoc sous Henri IV, Louis XIII et Louis XIV. Première partie : Capucins et Huguenots sous Henri IV. In-8º, 1888..	2	»
Documents pontificaux sur l'évêché de Couserans (1425-1619), publiés pour la première fois. In-8º, 1888................................	2	»
Un nouveau manuscrit de Bernard Gui et des chroniques des papes d'Avignon. In-4º, 1889..	3	»
Saint Germier, évêque de Toulouse au VIe siècle. Examen critique de la Vie. In-8º, 1890...	3	»
Les manuscrits du château de Merville. Notice, extraits et fac-similés. In-8º, 1890..	7	50
L'arrivée des Bénédictins de Saint-Maur à Saint-Savin de Lavedan en 1625. Récit d'un témoin. In-8º, 1890........................	3	»
La Coutume de Montoussin (août 1270). Texte roman publié pour la première fois...	1	»
Les Établissements d'instruction publique dans le midi de la France avant la Révolution, avec la bibliographie de l'histoire de l'enseignement dans le Midi...	1	»

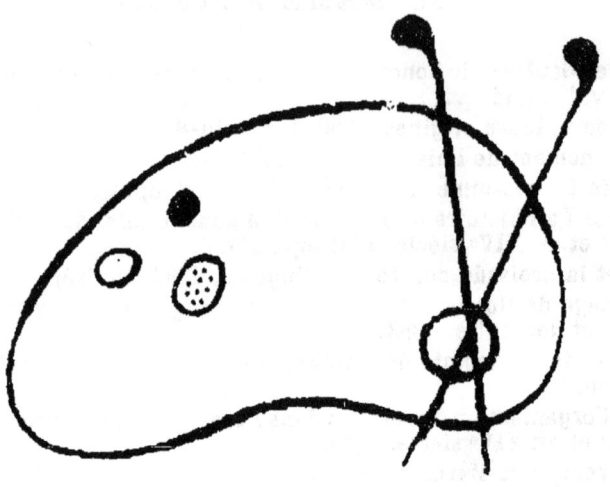

Fin d'une série de documents en couleur

UNE
IMPORTANTE CORRESPONDANCE

DU SEIZIÈME SIÈCLE

DU BARON DE FOURQUEVAUX

ÉCOSSE — ITALIE — ESPAGNE — LANGUEDOC

(1548-1574)

PAR

C. DOUAIS

PROFESSEUR A L'INSTITUT CATHOLIQUE DE TOULOUSE

Communication faite à l'Institut, Académie des Inscriptions et Belles-Lettres,
séance du 20 mars 1891.

PARIS	TOULOUSE
ALPHONSE PICARD, ÉDITEUR	ÉDOUARD PRIVAT, ÉDITEUR
82, rue Bonaparte, 82	45, rue des Tourneurs, 45

1891

UNE IMPORTANTE CORRESPONDANCE

DU SEIZIÈME SIÈCLE

LE BARON DE FOURQUEVAUX — ÉCOSSE, ITALIE, ESPAGNE, LANGUEDOC

(1548-1573)

> « Je scay sa valeur et ce qu'il scayt faire. »
> (Henri II parlant du baron de Fourquevaux,
> lettre du 19 février 1552.)

La galerie du château de Fourquevaux (Haute-Garonne), organisée par M. Louis Deloume de Toulouse, contient, entre autres curiosités, un fonds historique, Lettres, Mémoires, Instructions de la couronne de France à ses agents, Montres, Rapports sur les finances, présentant un intérêt que l'on peut regarder comme considérable. Les pièces qui le composent sont en grande majorité des lettres adressées à Raymond de Beccaria de Pavie de Rover, baron de Fourquevaux, ou écrites par lui. Correspondance du baron de Fourquevaux, telle est la dénomination sous laquelle on pourrait désigner ce fonds, jusqu'ici à peu près inexploré[1]. Si elle est importante, on le verra dans cette simple note, qui cependant n'a d'autre ambition que de la signaler à l'attention des érudits et des historiens. Mais auparavant, il est indispensable de dire, en résumant sa vie, ce qu'a été le baron de Fourquevaux.

[1]. Mᵐᵉ la comtesse de Castelbajac me l'a très obligeamment communiqué.

I.

L'histoire générale s'est jusqu'ici peu occupée du baron de Fourquevaux. Il est permis de voir dans ce silence une sorte d'injustice. Cependant, il n'est pas un inconnu. Son fils François nous a laissé de lui une notice écrite avec les documents du château et que nous lisons dans *Les vies de plusieurs grands capitaines françois*[1] dont il est l'auteur[2]. En 1783, la famille

---

1. Petit in-4º, Paris, 1643, pp. 329-354
2. Le manuscrit de l'ouvrage existe encore. Il s'ouvre sur la dédicace au roi. Du Bray, l'éditeur, le dédia au duc d'Anguien. Cet ouvrage n'est pas le seul que François de Fourquevaux a composé. J'ai retrouvé le traité passé avec Jacques de Sauslecque et Toussaint Du Bray, imprimeurs, qui donne l'énumération de ses œuvres : « Honnorables hommes Jacques de Sauslecque et Toussainctz Du Bray, marchands imprimeurs libraires à Paris, y demeurans rue Sainct-Jacques, parroisse Sainct Benoist, confessent et recognoissent que dame Marguerite de Chaumelz, dame de Fourquevaulx et de Caillat, vefve de feu Messire François de Pavie vivant chevalier, seigneur desdits lieux, demeurant à Sainct Germain des Prez les Paris, rue de Bussy, à ce présente, leur a baillé et mis ès mains, et d'elles confessent avoir receu plusieurs copies manuscriptes de la main dudict sieur de Fourquevaulx, intitulées l'une d'icelles : *Les vies des chevaliers françois*; une autre : *Les parfaictes affections*; une autre : *Les amours de Liconeroste*; une autre : *Le voyage de Jérusalem*; une autre : *Le voyage d'Angleterre*; une autre : *Les utilles veilles*, en deux volumes; et une autre : *Ung recueil de diverses poésies*; et pour ce imprimer, vendre et débitter par lesdictz de Sauslecque et Du Bray ce qu'ilz en imprimeront, et en faire et disposer comme ilz adviseront bon estre. Lesquelles copies manuscrittes, lesdictz de Sauslecque et Du Bray promettent rendre et restituer à ladicte dame après ladicte impression faicte en baillant et payant par ladicte dame, ainsy qu'elle promet et s'oblige, aux dessusdictz la somme de quatre vingtz dix livres tournois. Et deux autres coppies aussy manuscrites dudict sieur de Fourquevaulx pour imprimer par eulx pareillement, intitulées : *Instructions et lettres d'estat*; lesquelles deux autres coppies luy seront rendues après ladite impression, sans qu'elle soit tenue paier aucune autre chose que ladite somme de quatre vingtz dix livres tournois. Car ainsy ce promettans et obligeans en chacun endroict soy et renonseans; et faict et passé ès estudes des notaires, l'an mil six cens quatre, et le second jour de juing avant midy. Et ont signé la mi-

publia une notice qui remontait à plusieurs années. L'abbé de Fourquevaux avait déjà fait dresser sous ses yeux, en 1741, par l'abbé d'Etrée[1], la généalogie de la famille destinée à l'*Armorial* de d'Hozier et où le baron de Fourquevaux occupe une si large et si légitime place. Cette notice est plus complète que la précédente. D. Vaissete a parlé à plusieurs reprises du baron de Fourquevaux[2]; de même le marquis du Prat[3], et dernièrement encore M. le comte de La Ferrière[4], M. le baron de

---

nutte des presantes demeurée vers Jacques Berthon, l'un d'iceulx notaires soubssignez. Cestuy pour servir à ladicte dame de Fourquevaulx.

« J. SEGUY. BERTHOU. »

Avis placé au dos de la pièce : « Reconoissance de Toussaint Du Bray, libraire, de 10 à 12 vol. manuscrits reçus de dame Marguerite de Caillat, veuve de François de Pavie, auteur desdits manuscrits, qu'il s'étoit chargé d'imprimer, et qui ont été perdus, hors *La vie des grands capitaines françois*, imprimé longtemps après par les soins de M. Gaulmin, metre des requetes, cellebre littérateur. J'en possède un exemplaire. Dans le nombre de ces *vies* est celle de Raymond de Beccaria de Pavie son père, ambassadeur en Espagne. » Cet exemplaire est probablement celui de la bibliothèque actuelle du château.

1. Je lis dans une lettre adressée, le 20 mars 1783, par le petit-fils du baron de Fourquevaux, à l'archevêque de Lyon, M. de Montazet (1758-1788), qui venait de faire recevoir sa fille chanoinesse : « Je vous prie, Monseigneur, de vouloir me marquer s'il faut envoyer les titres originaux pour les preuves de ma fille, ou si l'on se contentera de ma généalogie qui se trouve imprimée dans le premier tome du second regitre de l'*Armorial* de M. d'Hosier, qui doit être à coup sûr dans votre bibliothèque et qu'il sera encore plus certain de trouver à Paris, si les preuves doivent être faites par le généalogiste du chapitre de... Mon article se trouve dans ce registre à la lettre B, sous le titre de Beccaria de Pavie de Fourquevaux, et fut dressé sous les yeux de l'abbé de Fourquevaux, mon oncle, en 1741, par l'abbé d'Etrée, homme de mérite, que M. d'Hosier avait alors auprès de luy. Les deux volumes de ce second regi[s]tre sont absolument de la main de l'abbé d'Etrée, avec qui M. d'Hosier eut ensuite la maladresse de se brouiller..... C'est abbé joignait une critique judicieuse à une conoissance profonde de l'histoire de France. » (Cahier de lettres.)

2. *Histoire générale de Languedoc*, t. XI. Ed. Privat.

3. *Histoire d'Elisabeth de Valois*. In-8°, Paris, 1859.

4. *Lettres de Catherine de Médicis*, t. I, p. 328, note 1. In-4°, Paris, Imprimerie nationale.

Ruble[1]. Mais tout cela est vraiment trop peu pour un homme dont l'action se fit sentir sur tant d'affaires de premier ordre et qui jusqu'ici, à part les notices mentionnées, n'a pas fait l'objet d'une étude spéciale.

Raymond de Beccaria de Pavie de Rover, baron de Fourquevaux, seigneur de Damiac, de Villenouvette, etc., fils de François de Beccaria de Pavie de Rover et de noble Rose de Magnan, est né en 1508. Élevé à Toulouse, il eut pour condisciple et ami Du Ferrier, qui lui rappelait ce doux souvenir dans une lettre qu'il lui écrivait de Venise, le 8 mai 1573[2]. En 1527, ayant à peine dix-neuf ans, il s'engagea et suivit le maréchal de Lautrec accouru en Italie pour délivrer le pape Clément VII des mains des Espagnols; il fut blessé au siège de Pavie. L'année suivante, il prit part au malheureux siège de Naples; et c'est près d'un an que les Espagnols le retinrent prisonnier. Rentré à Toulouse en 1530, il reprit ses études. Mais il était plutôt né pour l'action. Il entra dans les légions dont François Ier ordonna la levée. « Chef ou capitaine de mille hommes, » il servit le roi à la conquête de la Savoie (1535-1536), à la défense de Fossano (1536) et au voyage du dauphin en Piémont. Il fut même désigné pour marcher sur Pignerol. Mais le 16 novembre 1537, François Ier et Charles-Quint conclurent pour trois mois une trêve, qui, dès le 11 janvier suivant, fut prolongée jusqu'au 1er juin 1538 et puis pour dix ans. Le baron de Fourquevaux rentra donc de nouveau à Toulouse. Mettant à profit sa jeune expérience dans l'art de la guerre, il composa les *Instructions sur le fait de la guerre, extraictes*

---

1. *Commentaires de Monluc*, t. I, p. 328, note 1. In-8°, Paris, 1864. — *Le traité de Cateau-Cambrésis*. In-8°, Paris, Labitte, 1889.

2. « Je ne feray la présente plus longue que pour vous prier de me tenir toujours en votre bonne grâce et vous souvenir de nostre ancienne amityé; et combien est petit le nombre aujourd'huy en France de ceulx qui pourroient tesmoigner du commencement d'icelle. Et néantmoins, je priray Dieu avec vous de nous faire tant vivre que nous puissions veoir notre patrie en aussi grand paix que du temps que nous estions escoliers à Tholose. »

des livres de Polybe, Frontin, Végèce, Cornazan, Machiavel et plusieurs autres bons auteurs[1], ouvrage qui parut sous le nom de Guillaume du Bellai, mais que Bayle a démontré être de notre baron[2]. En 1542-1543, il fut honoré de la charge enviée de Capitoul. La guerre entre François Ier et Charles-Quint s'étant rallumée cette année même, en dépit de la trêve précédemment signée, il marcha, à la tête de mille hommes armés par Toulouse, au secours de Carcassonne qui se crut menacée. Puis il pénétra dans le Roussillon et ravagea l'Ampourdan. Déjà pendant le siège de Perpignan par le Dauphin, il était allé « incommoder et fatiguer l'ennemi au delà des monts vers Puicerda. »

A l'avènement de Henri II (1547), le cercle de son action s'élargit ; c'est alors que son rôle historique commence. Pourvu d'abord d'une compagnie dans la légion de Guyenne, il est presque aussitôt et cette année même (1547) envoyé par le roi au royaume d'Écosse « pour là vacquer à la garde, conservation et défense du château de Humes[3], » avec les secours destinés « à la Roine Marie[4], fille du duc de Guise et pour lors vefve de Jaques cinquiesme roi du païs. » Il défend vaillamment la place de Humes ; il seconde M. de Termes, plus tard maréchal, et M. de Monluc, frère de Blaise de Monluc, tant en Ecosse qu'en Irlande, où il s'acquitte, au grand contentement de Henri II et de Marie, reine d'Écosse[5], de la mission qui lui est confiée en vue de l'union de l'Irlande à la France[6].

La paix entre la France et l'Angleterre fut signée le 24 mars 1550. Le baron de Fourquevaux reçut aussitôt la charge et le titre de capitaine gouverneur de Narbonne[7].

---

1. Paris, Michel Vascosan, 1553.
2. *Dictionnaire*, art. : *Bellai (Guillaume du)*.
3. Lettres patentes de Henri II. Fonds de Fourquevaux.
4. La duchesse de Longueville qui épousa Jacques V en 1539, veuve depuis 1542. Bapst, *Les mariages de Jacques V*, pp. 318-327. In-8°, Paris, Plon, 1889.
5. Lettres. Fonds de Fourquevaux.
6. Marquis du Prat, *Hist. d'Elisabeth de Valois*, pp. 384-386.
7. Archives de la ville de Narbonne, BB1, fol. 217 v°.

Probablement il ne se rendit pas à son poste; une lettre du connétable de Montmorency du 9 novembre 1550 lui fut adressée à Turin, où il se trouvait auprès du maréchal de Brissac. « Au demeurant, lui disait le connétable, j'escriptz quelque propos à mondit cousin (le maréchal de Brissac) pour vous envoyer vers le roy de Boesme, là où je pense que vous acquicterez si bien de ceste charge que le roy en aura contentement, qui me sera bien grand plaisir. » C'est sans retard que le baron de Fourquevaux remplit sa nouvelle mission; elle ne lui demanda pas un long temps. Le 12 décembre suivant, Montmorency lui faisait part de la pleine satisfaction du roi pour le « bon et loyal compte » qu'il lui en avait envoyé.

Il était en Italie : il y resta. Cinq jours après, le 17 décembre, le connétable l'avisait que le roi avait délibéré de « l'employer en quelque lieu et pour chose grandement importante à son service. » A la suite de la rupture avec le pape Jules III, élevé au souverain pontificat le 8 février 1550, la guerre en Italie devint « chose grandement importante, » en effet. Le baron de Fourquevaux, qui avait décidé le duc de Parme, Octave Farnèse, à se mettre sous la protection de Henri II, défendit avec M. de Sansac, La Mirandole, qu'ils parvinrent à conserver au roi pendant les onze mois que cette place fut assiégée par les armées du pape et de l'empereur. L'année suivante, il fut nommé « pannetier ordinaire du roy et commissaire pour ledit seigneur à La Mirande et à Parme, ordonnateur des finances en Italie. » Il partagea, en 1552, les soucis de cette charge délicate avec l'évêque de Lodève, Dominique du Gabre, homme d'esprit, avec lequel il se lia d'amitié. Il ne cessa dès lors de correspondre avec Paule de Termes, plus tard maréchal, qui défendit Sienne contre les Impériaux, après que cette ville se fut mise sous la protection de la France Aussi bien, à la tête de renforts considérables, il alla rejoindre le général Pierre Strozzi. Mais celui-ci fut battu à Marciano, le 3 août 1554. Pris dans l'action, le baron de Fourquevaux resta treize mois prisonnier à Florence, après lesquels il reparut à la cour, où il fut reçu avec toute sorte de marques d'estime et de considération. En 1556, le roi lui confia une nouvelle mission auprès du duc de Parme, que les Impériaux travaillaient pour le détacher de la France. Il réussit pleinement. Mais il ne devait plus reparaître en Italie.

Le 11 juin 1557, Henri II lui conféra « l'office de capitaine gouverneur de Narbonne[1] » qu'il conserva sous François II (1559) et pendant les premières années du règne de Charles IX. En 1562, il tint les huguenots en respect, loin de Narbonne; il prit part à la *Délivrance de Toulouse* (11 mai 1562) et à la victoire de Saint-Gilles remportée par Joyeuse sur les huguenots (octobre 1562); pendant cette année terrible, il se dépensa en efforts prodigieux pour pacifier le Languedoc[2]. Il fut, l'année suivante, un des principaux promoteurs de l'association pour la défense de la religion (2 mars 1563[3].) A cette date, Charles IX l'avait créé chevalier de son ordre. C'est le 28 février 1563 qu'il reçut le collier, dans l'église cathédrale de Saint-Etienne, des mains du cardinal d'Armagnac, archevêque de Toulouse, avec lequel il entretenait un commerce de lettres.

L'auteur de la *Vie de Lotich*, le célèbre poète latin alle-

---

1. Écrivant à Catherine de Médicis, le 4 mai 1568, le baron de Fourquevaux lui disait : « Il est vray Madame, que en l'année mil cinq cent cinquante-sept, estant Vos Majestez à Rheims, il plust au feu roy Henry vostre seigneur m'envoyer au Languedoc pour gouverneur de Narbonne, par l'advis de feu Monseigneur le Connestable. Sa Majesté et mondit sr m'asseurèrent de bouche que je succedois à la mesme charge dans ladicte ville et audict gouvernement de Languedoc comme l'avoit mon prédécesseur père dudit sr de Joyeuse, lequel commandoit comme lieutenant de Sa Majesté en absence de Monsr le Conte de Villars; laquelle parolle n'eust effect à cause de l'aliance que cedit sr de Joyeuse print tost après avec mondit sr le Conte de Villars, ainsi qu'il s'en peult souvenir, pour par ce mariage obtenir les honneurs et faveurs qu'il a receu. » M. de Fourquevaux se rendit à Narbonne où il exerça seulement la charge de capitaine-gouverneur.

2. *Histoire générale de Languedoc*, t. XI, pp. 331, 341, 378, 385, 386, 391, 394, 400, 407, 408, 409-411, 415, 416. Éd. Privat.

3. *Ibid.*, p. 435.

mand (1528-1560), qui visita Narbonne vers 1558, a crayonné un portrait à cette date du gouverneur de Narbonne, devant lequel le voyageur et ses compagnons durent comparaître comme espions présumés ou suspects de « religion ». « Erat « praefecti aetas grandis », dit-il, « barba cana, auctoritas « militaris; sedebat cum majestate in tribunali, satellitum « holoserico amictorum magno numero stipatus; adstabant et « officiarii armati tanta cum observantia ac si regiam ipsam « majestatem intuerere [1]. »

Le baron de Fourquevaux, cependant, est, au mois de juillet 1565, nommé ambassadeur auprès de S. M. le Roi Catholique, qui tient le gouvernail de la politique européenne [2].

Pendant son séjour de six ans à Madrid, il se montre toujours bien renseigné; rien ne lui échappe de l'affaire de la Floride, des entreprises du Turc, des troubles des Flandres et des projets d'alliance de Philippe II, des bruits qui courent sur la marche de ses armées par l'Italie, la Savoie, la Franche-Comté en 1567, des obstacles qu'il met au mariage de Marguerite de Valois avec Sébastien de Portugal, etc. Toujours bien vu de la reine d'Espagne, il parle minutieusement à la cour de France de l'état de sa santé et de sa vie à la cour, de l'affection très grande que Philippe II ne cesse de ressentir pour elle. Elisabeth lui témoigne sa satisfaction. Le 3 février 1567, elle tient son fils « à baptesme, » elle daigne prendre sa collation en son logis « accompaignée du prince d'Espaigne

---

[1]. *Vitae Germanorum qui seculo superiori et quod excurrit, philosophicis ac humanioribus litteris clari floruerunt, collectae a Melchiore Adamo*, p. 215. In-8°, Haidelbergae, anno CIƆIƆCXV.

[2]. Le 17 juillet 1568, il disait, dans une lettre à la reine mère : « Je ne scay que dire sur ce que la Royne catholique m'a dict plusieurs fois que le roy, son seigneur, et elle dezirent que Vos Majestez me continuent en ceste ambassade et que ladicte dame vous en a escript et supplié fort affectueuzement et vous en a escript et supplié de nouveau. Madame, vous scavez que je ne vous ay point demandé ceste charge; ainsi fut vostre bon plaisir de m'y appeler de vostre propre mouvement lorsque Vos Majestez estoient à Saint Jehan de Luz et moy à Narbonne, il y a trois ans ce mois dernier de juillet passé. »

que Sa Magesté a choisi pour parrain [1]. » Il lui reste fidèle et dévoué jusqu'à la fin. Le 3 octobre 1568, il reçoit lui même le dernier soupir de la reine d'Espagne, femme de Philippe II [2], auprès de laquelle il se trouve seul. Il négocie le mariage de Charles IX avec Elisabeth d'Autriche (26 novembre 1570). Moins heureux dans les négociations du mariage de Marguerite de France avec Sébastien, roi du Portugal, il fait de son mieux, et il ne tient pas à lui que l'affaire reste à l'état de projet. Sébastien mourut en 1578 sans s'être marié, et le 28 août 1572, la main de Marguerite fut donnée à Henri IV, alors roi de Navarre. Mais à cette date le baron de Fourquevaux avait, à sa demande, été rappelé d'Espagne (31 octobre 1571). Nommé chef et surintendant de la maison de Henri IV, il n'occupa qu'en passant cette charge; peut-être même ne parut-il pas à la cour du roi de Navarre. Le 29 mars 1572, la cour de France lui adressait encore ses lettres à Madrid, et au mois d'octobre suivant il se trouvait à Narbonne, dont il venait, comme il l'avait désiré, de recevoir pour la troisième fois le gouvernement. Il fut dès lors mêlé à l'histoire agitée et complexe du Languedoc, incessamment déchiré par la guerre civile, notamment après la levée de boucliers qui suivit la Saint-Barthélemy (24 août 1572). Il se fit sur le mobile des troubles de la province, où il ne vit qu'une guerre de partisans [3], une opinion personnelle et raisonnée dont l'histoire doit tenir quelque compte. Chargé, en octobre 1573, d'informer sur l'état de la province, il reçut ordre d'en rendre un compte détaillé au roi alors à Compiègne; il lui fut impossible d'aller à la cour. Mais la confidence des plaintes de plusieurs diocèses et même d'un projet de réformation du clergé de France arriva jusqu'à lui. Il était prié de tout faire connaître au roi. C'est au milieu des graves soucis de son difficile gouvernement qu'il mourut à Narbonne,

1. Lettre du baron de Fourquevaux à la reine mère du 4 février 1567.
2. Lettre de ce jour à la reine mère.
3. Voyez l'extrait de sa lettre au roi du 7 février 1574, que j'ai donné dans *Etat du diocèse de Saint-Papoul*, p. 7. In-8°, 1890.

dans les premiers jours de juillet 1574. Il avait « servi » près de cinquante ans [1].

II.

Telles ont été en peu de mots la vie remplie et la carrière laborieuse du baron de Fourquevaux. Elles donnent déjà une idée de l'importance de la correspondance qui touche, en effet, à des événements variés et de tout point considérables pour l'histoire de France.

Le plus ancien en date des documents composant le fonds du château de Fourquevaux, indépendamment du chartier de famille dont il ne saurait être ici question, est du 20 février 1548 : ce sont les *Mémoires et instructions de ce que le sieur de D'Esse[y] prie MM. de Forquevaulx et de Visque de dire et remonstrer au Roy [de France] et Messeigneurs de son conseil, de sa part*. Le plus récent porte la date du 5 juillet 1574; c'est une lettre de Claude d'Oraison, évêque de Castres, priant « Monsieur de Fourquevaulx, conseiller du Roy en son conseil privé et gouverneur de Narbone », de se « maintenir sain parmy tant d'occasions d'ennuy et de tourment », et vantant sa « sagesse tant congneue. » Ce fonds s'étend donc à une période de vingt-six ans. Les affaires d'Ecosse, les dernières luttes de la France avec Charles-Quint en Italie, l'histoire des relations des deux couronnes de France et d'Espagne sous Charles IX, l'histoire plus restreinte mais non moins curieuse du Languedoc y ont des témoins nombreux ou même considérables, soit par leur rang, le premier rang dans l'Etat, soit par le rôle qu'ils ont joué, rôle déterminant dans l'Eglise et dans l'Etat. Ces témoins sont de ceux qui font l'histoire.

---

1. Ecrivant à la reine mère le 4 mai 1568, il lui disait : « J'ay desjà servi quarante trois ans passez. »

Donnons quelques détails; ils ne dépasseront pas toutefois les proportions d'une simple note.

I. L'Ecosse (1548-1550). — Les documents sur les affaires d'Ecosse ne sont pas en nombre, quinze seulement, mais ils offrent de l'intérêt. En 1548, MM. de Fourquevaux et de Visque, envoyés en Ecosse, reçurent les instructions rédigées et signées par François de Lorraine et Anne de Montmorency. Ils assuraient la reine Marie des bonnes intentions de Henri II; mais aussi ils lui faisaient connaître le peu de contentement qu'il avait de d'Essé [1] et lui donnaient avis d'une nouvelle tentative des Anglais en Ecosse. Une lettre de Montmorency du 9 novembre 1548 nous apprend qu'à cette date la cour de France avait, depuis le départ de M. de Fourquevaux, fourni à l'Ecosse 15,000 écus. L'année suivante, M. de Fourquevaux fit le voyage d'Irlande avec le sieur de Monluc muni d'une commission du Roi. Le 30 mars 1549, Montmorency lui écrivait : « Présentement, nous avons sceu que le sieur de Montluc est arrivé à Brest, par lequel nous attendons à savoir ce que vous aurez faict par ensemble au voyage d'Irlande, chose qu'il ne sera besoing poursuivre estant en paix avecques les Anglais, comme nous sommes. » Dès leur arrivée en Ecosse, MM. de Fourquevaux et de Visque avaient joui de toute la confiance de la reine. M. de Fourquevaux a transcrit de sa propre main les instructions qu'elle leur donna pour le roi :

Instruction et mémoire aux sieurs de Forquevaulx et de Visque de ce qu'ils auront à dire au Roy de la part de la Reyne, touchant les affaires d'Escosse. — 25 février 1548.

Autre mémoyre d'aucunes choses particulières que la royne d'Escosse a dites aux sieurs de Forquevaulx et de Visque, et dont elle les prie se souvenir quand ils seront en France. — 27 février 1548.

---

[1]. André de Montalembert, seigneur de d'Essé.

Mémoires et instructions de ce que le sieur de d'Essé prie MM. de Forquevaulx et de Visque de dire et monstrer au Roy et Mes[s]eigneurs de son conseil, de sa part. — 20 février 1548.

Autres mémoyres des choses que lesdits de Visque et Forquevaulx diront davantage et feront entendre au Roy, de la part de la susdicte Dame Reyne et du sieur d'Oysel, ambassadeur, suyvant les letres qu'ils en ont escriptes.

Mémoyres de ce que Monsr le comte de Visque et Monsr de Forquevaulx déclareront au Roy, touchant l'entreprinse d'Irlande, de la part du comte d'Arguil [1].

Parmi les papiers d'Ecosse se trouvent quatre lettres de la reine Marie. Ses services valurent à M. de Fourquevaux l'honneur de recevoir d'elle une lettre autographe, qui est la preuve du tendre intérêt qu'elle lui portait.

Notre baron avait amené avec lui en Ecosse une demoiselle de Fourquevaux, sans doute une des quatre filles que son père avait eues d'un second lit. Ayant exprimé à la reine, alors à Potladey, le désir de se rendre auprès d'elle, elle en reçut cette réponse bienveillante et martiale sous la plume d'une femme : « Si vous voullez y venir, vous serez la très bien venue; et verrez votre part de la guerre comme nous faisons. »

II. L'Italie (1550-1556). — La partie du fonds du château de Fourquevaux qui se rapporte à l'Italie est vraiment riche, d'abord par la quantité des pièces, trois cents environ, ensuite par leur qualité : Lettres, Mémoires, Etat des armées du roi de France. La plus ancienne des pièces composant cette série est une lettre du 9 novembre 1550, dans laquelle Montmorency annonce à M. de Fourquevaux, alors en Italie auprès du maréchal de Brissac, qu'il va recevoir une mission pour aller trouver le roi de Bohême; la plus récente est du 31 décembre 1556; c'est le *Mémoire de Monseigneur de Guyse pour Monsieur*

---

1. Ces cinq mémoires forment un cahier de 25 pages.

de Fourquevaulx envoyé de par le Roy vers Monseigneur le duc de Ferrare. Les principaux signataires des lettres composant la plus grande partie de ce fonds sont le roi Henri II (30 lettres), le connétable de Montmorency (28 lettres), Paule de Termes, commandant les armées du roi (79 lettres), Dominique du Gabre, évêque de Lodève, ordonnateur, comme M. de Fourquevaux, des finances du roi (53 lettres). Il faut y joindre, comme offrant un intérêt véritable pour l'histoire des opérations militaires, dix-neuf lettres de Delisle qui se trouvait auprès de M. de Termes et parlait le plus souvent en son nom. Les lettres de Duthier, secrétaire de Henri II (2 lettres), celles du cardinal de Lorraine (2 lettres) expriment la pensée de la cour de France ; celles du cardinal de Ferrare (15 lettres) et celles du duc de Ferrare (5 lettres) font connaître leurs visées en même temps que leurs craintes pendant la guerre, et leurs moyens.

Un grand nombre d'autres lettres ne présentent pas aussi directement un caractère diplomatique et touchent plutôt à la gestion des finances du roi. Mais il n'en est pas une qui puisse être négligée. Aussi bien, cette correspondance est toute d'affaires ; abondante, elle permet de saisir sur le vif les événements dont Parme, La Mirandole, Sienne furent le théâtre, beaucoup plus que les Mémoires de l'époque, écrits à distance et sur ouï dire. Les faits s'y accumulent ; s'ils sont variés, on le comprend. Les fausses nouvelles mises en circulation par les agents de l'empereur y apparaissent ; on y est témoin des impressions produites sur la cour de France par chacun des événements du dehors, par chacune des victoires alors remportées et aussi par chacun des revers alors subis. On y pénètre les intentions de Henri II, acceptant de prendre sous sa protection Parme et Sienne. On suit jour par jour, pour ainsi dire, les opérations militaires dans le Parmesan et le Siennois, et aussi les vaines tentatives des Impériaux du côté de Naples. On voit combien grand fut le désintéressement de la France et quels sacrifices d'argent elle s'imposa. Donner une analyse détaillée de cette correspondance n'est pas possible ici. On comprendra que je me borne à ces indications générales.

III. Espagne (1565-1572). — Il faudrait s'étendre longuement sur la correspondance du baron de Fourquevaux, ambassadeur du roi Charles IX auprès de Sa Majesté Catholique le roi Philippe II. Elle a un caractère strictement diplomatique; elle est plus importante que la correspondance d'Italie qui est un peu mélangée. Le château de Fourquevaux possède, en effet:

1º Les minutes originales du baron de Fourquevaux, reliées en deux volumes in-folio, et formant un ensemble de quatre cent six numéros.

2º Les originaux de cent cinquante-une lettres du roi Charles IX, dont une, celle du 18 avril 1566, a un post-scriptum autographe.

3º Les originaux de cent trente-six lettres de Catherine de Médicis, dont sept sont entièrement autographes (Lettres d'août, 11 août 1566, 10 octobre 1566, 21 mai 1567, 1er septembre 1570, 4 juin et août 1571), et dix-sept ont un post-scriptum autographe (Lettres du 28 novembre, décembre 1565, 13 mai, 30 juin, 26 juillet, 27 novembre, 24 décembre 1566, 30 janvier, 4 février, 30 mars, 18 juillet, 6 septembre 1567, 2 janvier, 23 avril, 20 juillet 1568, 22 décembre 1569, 4 décembre 1570.) Une lettre de Charles IX, du 2 août 1571, contient séparé un billet autographe de Catherine de Médicis.

4º Les originaux de onze lettres de Henri d'Anjou, frère du roi, plus tard Henri III, d'une lettre de François frère du roi, d'une lettre d'Isabelle d'Autriche.

5º Cent trente pièces environ : mémoires, répliques, avis, copies de lettres communiquées par la cour, copies de lettres du duc d'Albe, état de la maison du Roi Catholique, etc., etc.

6º Vingt-six lettres originales provenant de personnes considérables : le cardinal de Guise, Antonio d'Almeidas, Gondy, don Francès de Alava, dona Maria, etc.

Cette partie du fonds fournit plus de huit cent cinquante

pièces; c'est dire si elle est riche. Il y a là matière à des études historiques étendues et fécondes. Les lettres du baron sont peut-être celles qui nous réservent le plus de révélations et de surprises. Il arriva souvent que le même jour l'ambassadeur adressa une dépêche à Charles IX et une autre à Catherine de Médicis, sa mère; elles ne font jamais absolument double emploi. Pour l'honneur même de la charge, on est heureux de constater que le langage de l'ambassadeur s'adressant au roi est d'ordinaire plus grave que dans les dépêches à la reine; il y aborde plus volontiers les grandes affaires du moment, les massacres de la Floride, les troubles des Flandres, les armements des Espagnols, les projets de voyage de Philippe II dans les Flandres, le mariage de Charles IX, etc., etc. On ne parle pas ici de bon nombre d'autres faits moins importants mais cependant considérables, comme le conclave qui élut saint Pie V, les prétentions de l'Angleterre sur Calais, la trêve de l'empereur et du Turc en 1567, l'opinion de l'Espagne sur les causes des troubles de France et les moyens de les prévenir, les projets de saint Pie V de rapprocher tous les princes dans une même alliance contre l'ennemi séculaire, etc., qui y empruntent des lumières nouvelles et abondantes. M. de Fourquevaux se trouvait au centre même de la politique européenne. Grâce à ses nombreuses et longues dépêches, on la suit jour par jour pendant les six années (1565-1572) des règnes de Philippe II et de Charles IX qui ont laissé le plus de traces dans l'histoire[1].

---

1. Le château de Fourquevaux possède une copie de la correspondance de l'ambassadeur et de la cour; on lit en tête :
« Les originaux, tant des lettres receûs par le sr de Fourquevaulx que des minutes de ses dépêches, sont encore au château de Fourquevaulx la présente année 1738. Une ancienne copie très correcte et très propre en deux volumes in-folio fut confiée, en 1682, par Paul-Gabriel de Pavie, marquis de Fourquevaux, alors page de la chambre du Roy Louis XIV, à Mr le duc d'Aumont, pour être présentée de sa part au Roy qui l'accepta. C'est sur cette copie qu'a été tirée celle-ci; et de chacun des deux volumes in-folio on en fit trois in-4°. Le P. Lelong, dans sa bibliothèque pour l'histoire de France, dit qu'il y a un exemplaire manuscrit

IV. Le Languedoc (1557-1565, 1572-1574). — Le baron de Fourquevaux a exercé les fonctions de gouverneur de Narbonne à deux reprises, une première fois du mois de juin 1557 au mois de juillet 1565, une seconde fois de l'année 1572 au mois de juillet 1574, année de sa mort. J'indique sous la rubrique *Le Languedoc* les pièces se rattachant à cette charge. Aussi bien, l'action du gouverneur de Narbonne s'accuse sur tout le Languedoc en même temps que sur cette ville; elle appartient à l'histoire de la province.

La série se rapportant aux années 1557-1565 fournit quarante-neuf pièces, si l'on en retranche les lettres, comme une lettre curieuse du cardinal de Ferrare et une autre de son auditeur, et quelques mémoires, avis et récits, qui sont étrangers à l'histoire de la province et à l'histoire de Narbonne. On y remarque les lettres patentes de Henri II nommant le baron de Fourquevaux gouverneur de Narbonne, une lettre de François II (19 décembre 1559), deux lettres de Charles IX, cinq lettres de Catherine de Médicis, dont une autographe (12 juin 1562, 3 février 1565, 14 juin 1565, 20 juin 1565, 6 juillet 1565), la commission donnée par M. de Joyeuse à M. de Fourquevaux de faire une levée d'hommes pour la répression des rebelles (7 juillet 1562), ~~les articles accordés à Renée de Rieux par Montmorency-Damville (2 août 1563)~~, plusieurs lettres de M. de Joyeuse, de M. de Rieux, de Montmorency-Damville, du cardinal d'Armagnac, du cardinal de Bourbon, etc. Il y a ensuite quelques pièces relatives aux armements de la pro-

de ces mémoires dans la bibliothèque de M. d'Aguesseau, chancelier de France, et un autre dans celles des Minimes de la place Royale de Paris. Mais ces deux manuscrits ne contiennent que des extraits de celuy-cy. » La copie offerte au roi par Paul-Gabriel de Pavie, marquis de Fourquevaux, est aujourd'hui classée à la Bibliothèque nationale sous les n°s 10751 et 10752 fonds français. M. Louis Paris a publié plusieurs lettres de cette correspondance, d'après la copie de la Bibliothèque nationale, dans le *Cabinet historique*, t. IV. L'*Appendice* de l'*Histoire d'Elisabeth de Valois, reine d'Espagne*, par le marquis du Prat, en contient soixante-huit, et M. le comte de la Ferrière n'a pas publié moins de cent vingt-huit lettres de Catherine de Médicis à M. de Fourquevaux.

vince, levées de troupes, montres, etc., relatives à l'artillerie de Narbonne et aussi à l'aliénation du domaine dans le comté de Narbonne, au temporel de l'archevêché de cette ville, etc.

La série se rapportant aux années 1572-1574 fournit deux cents pièces. La plupart offrent le plus vif intérêt et jettent un jour nouveau sur cette période des guerres de religion dans le Languedoc, pourtant si largement traitée par D. Vaissete. Je signale spécialement six lettres de Charles IX, deux lettres de Catherine de Médicis, trois lettres de Henri d'Anjou, frère du roi, soixante-dix-neuf lettres ou ordonnances de Montmorency-Damville, douze lettres de M. de Joyeuse, dix lettres du capitaine de Campredon, et puis des lettres de Claude d'Oraison, évêque de Castres, de Vercelli, évêque de Lodève, de Fisses, de J. Daffis, de Claude de Lévis, de François de Bourbon, de Gramont, de Du Faur de Saint-Jory, etc., etc. Je ne puis oublier ici les minutes de neuf lettres importantes de M. de Fourquevaux à la cour, de nombreuses notes écrites de sa main sur l'état des places du Languedoc et leurs provisions d'armes. Je ne passerai pas sous silence les rapports vraiment curieux et importants sur l'état, au point de vue du clergé, de la noblesse, de la justice et du tiers-état, des quatre diocèses de Narbonne, de Castres, de Montpellier et de Saint-Papoul à la fin de l'année 1573 [1]. Il ne sera pas inutile de faire remarquer de suite que la conclusion qui s'en dégage relativement à la conduite du clergé de ces diocèses à l'époque de la Saint-Barthélemy, c'est qu'il resta étranger aux luttes des partis, à l'écart desquelles il ne cessa de se tenir, donnant son ministère également à tous. Les nombreuses lettres de Montmorency-Damville appartiennent à des dates très rapprochées; elles permettent de suivre jour par jour, dans le bas Languedoc, l'histoire de la guerre civile qui reprit de plus belle après la Saint-Barthélemy. Ce sont des pièces d'une haute valeur. Ces lettres,

---

1. J'ai publié celui de ce dernier diocèse : *Etat du diocèse de Saint-Papoul et sénéchaussée du Lauraguais en* 1573. Paris, Picard, 1890.

comme les autres qui furent adressées à M. de Fourquevaux, sont en original.

Telle est rapidement dressée la table des matières du fonds du château de Fourquevaux. Je dois avouer cependant que je ne l'ai pas absolument épuisé. J'ai vu quatorze cent cinquante pièces, sur l'intérêt desquelles il n'y a pas lieu d'insister. Mais comment ne pas faire remarquer, en finissant, que deux fois, au commencement du dix-septième siècle d'abord, à la fin du dix-huitième siècle ensuite, on a sérieusement songé à publier la correspondance du baron de Fourquevaux, ambassadeur en Espagne? En 1604, la famille traita pour l'édition de cette correspondance et des œuvres de François de Fourquevaux[1]. En 1783, le marquis de Fourquevaux, petit-neveu du baron, écrivait à un de ses amis des Dombes : « Je prends la liberté de vous envoyer un exemplaire d'un éloge de Raymond de Pavie de Royère, que j'ay trouvé manuscrit dans mes archives et que j'ai fait imprimer pour faire connaître ce célèbre négociateur, dont je veux faire aussi imprimer les mémoires de son ambassade en Espagne auprès de Philippe II[2]. » Il est permis de faire des vœux pour que ce projet, mais étendu cette fois à toute la correspondance du baron de Fourquevaux, soit repris et mené à bonne fin.

1. Voy. plus haut, p. 4, note 2.
2. Cahier de lettres, ou *Premier registre de letres missives*. Fonds du château de Fourquevaux.

Original en couleur

NF Z 43-120-8

www.ingramcontent.com/pod-product-compliance
Lightning Source LLC
Chambersburg PA
CBHW060453050426
42451CB00014B/3306